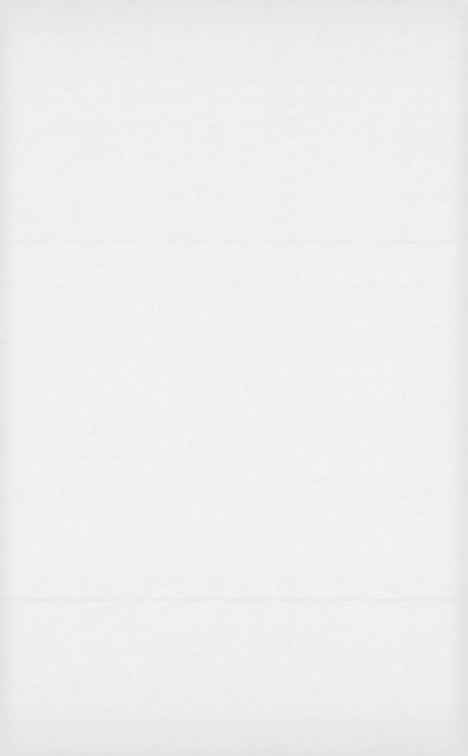

希望這一切或許能夠
幫助你感受到他的愛……

To:

From:

同行：最美的陪伴

作　　　者／鄭起老（Ki-Ro Jung）
譯　　　者／楊少君
審　　　校／朴同成
責任編輯／東紋尼、朱悅晴
封面設計／小　雨
內頁編排／柏思羽

出 版 者／校園書房出版社
發 行 所／23141 台灣新北市新店區民權路 50 號 6 樓
電　　話／886-2-2918-2460
傳　　眞／886-2-2918-2462
網　　址／http://www.campus.org.tw
郵政信箱／台北公館郵局第 144 號信箱
劃撥帳號／19922014，校園書房出版社
網路書房／http://shop.campus.org.tw
訂購電話／886-2-2918-2460 分機 241、240
訂購傳眞／886-2-2918-2248

2015 年 10 月初版

Accompany.net

©정기로 (Ki-Ro Jung), 2006
Originally published in Korean under the title:
동행.net (Cartoon: Accompany)
Published by permission
© 2015 by Campus Evangelical Fellowship Press
PO Box 144 Taipei Gongguan, Taipei City 10699, Taiwan
All Rights Reserved
First Edition: Oct., 2015
Printed in Taiwan

ISBN：978-986-198-467-4（平裝）

23　24　25 年度｜**刷次　17　16　15**

同行 Accompany.net

最美的陪伴

鄭起老（Ki-Ro Jung）／圖文　楊少君／譯

序言

長久以來獨自一人行走，
總是一面低著頭，一面拖著腳步。

某一天，
他出現在我路上經過的某個轉角。

對於過去不知道哪一條才是正確的路，
又不知道該往何處走的我而言，
他親自指引了我該走的道路。

並且他握著我的手，
牽引我邁向那條路。

初次與他同行，
心情是何等的喜樂，步伐是何等的輕盈。

然而，路途又長又遠，
既艱辛，腳又痛。

其他人，似乎都走的又安穩、又快速。
於是我抬頭看他。

因為很累，
所以我要求他抱我或背我一下。

但是他不發一語，緊緊牽著我的手，
默默地向前走。

沿途，
我看見許許多多美麗與好玩的東西。

雖然他對我搖搖頭，
但我仍使盡渾身解數，
試圖掙開他那緊握的手。

當我奮力掙脫，
落在後面的他，似乎愈來愈遙遠。

我頭也不回地狂奔，
於是他在我的記憶中，也漸漸變得模糊了。

途中有許多人背我，
有時我會搭乘快速的汽車。

然而，天漸漸地暗了下來，
華麗閃爍的燈光，一個接著一個熄滅。

許多曾經讓我感到舒暢的事物，
也都漸漸相繼失色了。

我的步伐漸漸變得沉重、虛弱，
獨自行走實在是太艱苦了。

於是我又抬起頭來。

他竟正在我身後，
默默地向我伸出雙手，
一如起初的樣子……

我再次走上了起初的那條道路。

雖然我不知道，
前方會有多少山坡正在等著，
會有多少使我轉眼分心的事物，
但是我絕對不會再甩掉他的手。

因為我深深知道，
一路與我同行的他，
已經把我的手緊緊握住了。

Accompany net

*最美的*陪伴

同行 篇

距離

希伯來書十一章6節
人非有信，就不能得神的喜悅；
因為到神面前來的人必須信有神，且信他賞賜那尋求他的人。

神好像離我
太遠了。

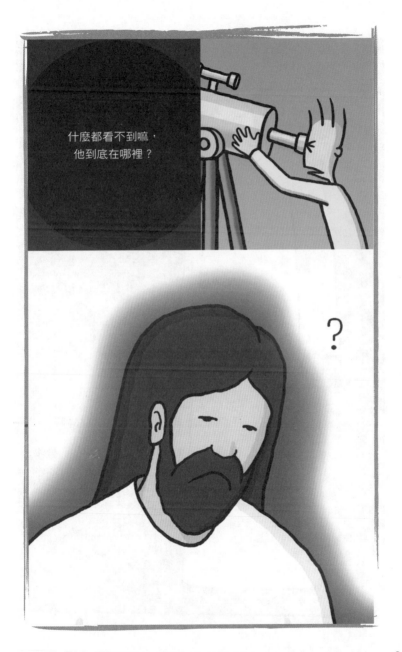

同行默想

曾經突然浮現的一個念頭，
使我瞬間被極大的恐怖與混亂纏繞。
令我感動落淚的現象
「是否不過是我自己製造出來的假象罷了？」的念頭，
也曾席捲而來。
誰曾聽見過神的聲音，誰又曾看過神的容貌？
更令我感到恐慌的是，又有誰能夠證明
這既如此根本、又可說是相當現實的問題？
於是我再次把目光轉向這世上萬物之中。

在這具有對於善的感激淚水，
具有對於惡的聖潔憤怒，
具有對於不公平的抵抗，
具有心痛與良心，
具有愛的偉大力量，
具有希望與盼望，
具有高貴與無限生命力的世界之中，
我不得不承認神的存在。
好似酒醉後辱罵否認這個世界，自以為最有勇氣，
結果隔天只好再次默默承認，並順應這個世界的人一樣，
即便因我的本性和自我而對祂大呼小叫一番，
然而我終究是個不得不俯伏在神面前，舉手投降的存在。

訓練師

耶利米書十五章11節
耶和華說：「我必要堅固你，使你得好處。
災禍苦難臨到的時候，我必要使仇敵央求你。」

來，站起來！
到決勝點以前，
你會倒下75次，
現在才第25次而已。

主啊！我太累了，
無法再繼續了。

同行默想

「孩子啊，行李打包要結結實實，
水要準備充足，
要預先規畫途中如何籌措食物，
還有應該也需要幾件溫暖的衣服。
如果跌倒，記得手要先著地，
不要拿太多東西，不然手腕有可能會折斷……
為了防範跌倒受傷，也要準備急救藥箱。
一定要帶著前輩們給你的小冊子，
裡面滿是為你打氣加油的訊息。
最重要的是，務必拿著與我互通狀況的無線電，
直到最後一刻。」

──來自你的訓練師「J」

山谷

詩篇十六篇8節

我將耶和華常擺在我面前，因他在我右邊，我便不致搖動。

主啊，
路途太暗了，
我好害怕。

親愛的孩子，
藉著我，
你的生命與靈魂
將成為照亮這條路的燈火。
所以不要怕，緊緊抓住我，
千萬不要放手喔。

同行默想

孩子與父親用小拇指打勾勾約定，
接著孩子又再次問父親：「是真的吧？真的喔？」
沒有任何父母會想違背與親愛孩子之間的約定，
讓他們傷心，
所以不管發生任何事情，
父親都會堅守與孩子的約定。
即便如此，信不過的孩子仍然說：
「那麼，我們來蓋章！」
試著用蓋手章來確認。

神與我們之間也有一份約定。
你相信那個約定嗎？
你相信那位守約的神嗎？
如果信不過的話，就請蓋章吧。
信心就是約定，確信就是蓋章。

新腳印

約書亞記一章9節

我豈沒有吩咐你嗎？你當剛強壯膽！不要懼怕，也不要驚惶；
因為你無論往哪裡去，耶和華—你的神必與你同在。

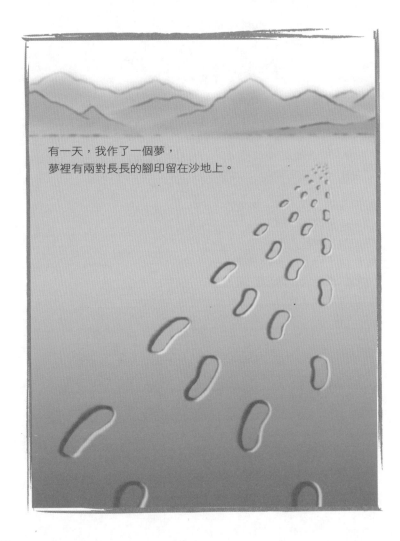

有一天，我作了一個夢，
夢裡有兩對長長的腳印留在沙地上。

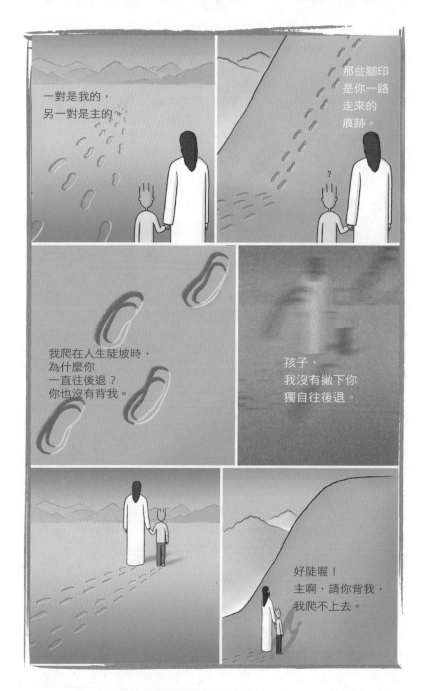

同行默想

有一個孩子的腳嚴重受傷，他感到很挫折和氣餒。
孩子的父親為了帶給他希望，決定和他一起爬山。
這孩子一面指著自己的腳，一面哭鬧著要坐上父親的肩膀，
但是父親搖頭拒絕了；
就算再花時間，他仍希望攙扶著孩子，一步一步上山。
每當摔倒時，孩子總想要放棄，
當他看到其他孩子坐在他們父親的肩膀上，輕鬆地上山，
他就向他的父親吼叫抱怨，他的父親卻仍然不為所動。
因此，這孩子認為他的父親根本不愛他。
就這樣子過了許久的時間，他們終於登上了山頂，
此時孩子雖然感到又累又辛苦，
自信心與希望卻油然而生。

等到孩子再爬其他山時，也更能輕鬆地登山。
某一天，父親留下這孩子，自己先上山了。
雖然孩子感到害怕，
但他知道自己的腳已經復原、變得更強壯了，
他一定可以獨自完成登山。
當他抵達山頂，父親伸出雙手緊緊地抱住他。
此時，這孩子領悟一項事實，
如今就算遇到更高、更大的山，他也不會害怕了。

放手

雅各書四章7節

故此，你們要順服神。
務要抵擋魔鬼，魔鬼就必離開你們逃跑了。

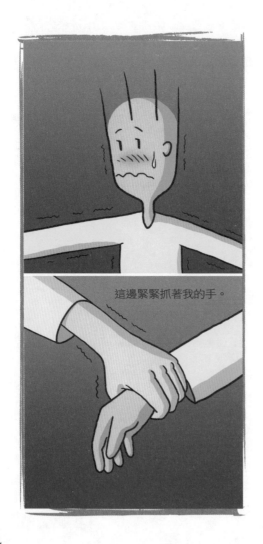

這邊緊緊抓著我的手。

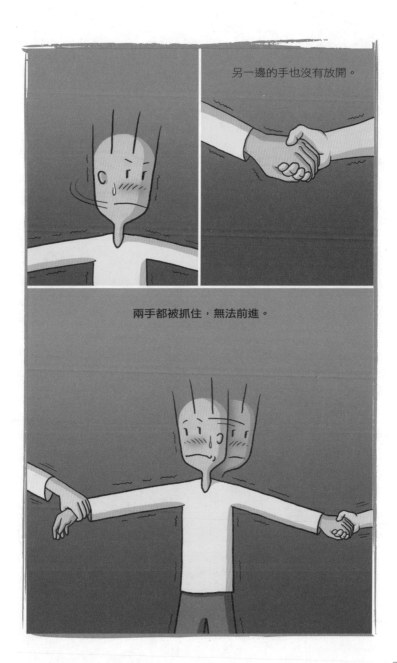

同行默想

另一邊發生了什麼事呢？
當然是「撲通！」一聲，摔了個四腳朝天。
重要的是：
如果想要讓另一邊「撲通！」跌開，
就必須一瞬間，
毫無眷戀，
「啪！」地一聲放手。

等待 篇

等待 1

路加福音十五章20節

於是起來，往他父親那裡去。相離還遠，他父親看見，
就動了慈心，跑去抱著他的頸項，連連與他親嘴。

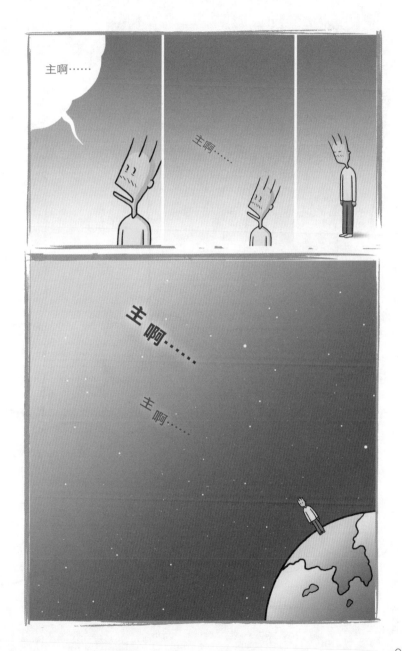

同行默想

人的一生是不斷認識神的過程。
他從起初就愛我，知道我的一切，
然而，即使我窮盡一生之力，也無法完全認識他。
他一點一滴地觸摸我的手，
使我漸漸認識他是一位什麼樣的神，
就好比挖取深藏在地底下的寶物一樣，
是一件何等令人激動和有趣的事情。

我認識的他總是帶著一絲微笑，
就算再遲，也會一直等待著我。
當我弄虛作假，他絕對不會照單全收；
當我無法勝過自我，感到沮喪痛苦；
他在我的背後靜靜地陪伴著我，讓我盡情痛哭一會兒；
當我哭到精疲力盡，他默默地遞上手帕；
當我深深傷了他的心，他依然默默地忍受這一切，
當我無法再做任何事情，他才靜靜地展開雙臂。
每當那個時候，我都聽見他這樣說：
「看吧！我早就說過了⋯⋯你現在知道了吧？」

等待 2

以賽亞書三十章18節

耶和華必然等候，要施恩給你們；必然興起，好憐憫你們。
因為耶和華是公平的神；凡等候他的都是有福的！

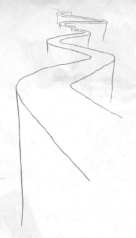

同行默想

自從有了家庭之後，
我開車時常常保持一定的速度。
然而，有一天，
竟然連一台噴著黑煙的骨董卡車也超越了我的車子，
在自我優越的心態驅使之下，我也猛踩了油門。
於是，我在超速的狀態下超越了那台卡車，
並且有幾分鐘沉浸在某種成就感中。
但就在那時，拿著測速槍的警察已經在旁邊等著我。

最近市面上的汽車，動輒都能開到時速接近200公里，
但是大部分的高速公路速限都在時速110公里。
所謂的法律，就是約束人，限制在實際可行的範圍之內。
雖然任何人都有自由越過界限，
但同時也必須對超速造成的事故負起責任。
儘管可以饒恕，但是責任是緊接而來的。

雖然在這個時代我可以享受任何事物，
但是因為相信神，我必須要有所節制與順服。
行出神要我們去行的事，
而神不要我們做的事，就禁止不做。
我們應該要成為此等良善的人。

優先次序

馬太福音六章33節

你們要先求他的國和他的義，這些東西都要加給你們了。

同行默想

與天使的訪談

在天國裡，耶穌都～不能睡覺。

嚴格來說，他不是不用睡覺，而是無法睡覺。
因為只要一有人向耶穌禱告，他就會立即起床，聆聽禱告。
他為了一一聆聽每個禱告，結果就無法睡覺囉。
但是，耶穌非常喜歡聆聽每一個禱告，
所以耶穌也很喜歡那些叫醒他的人。

耶穌最常使用的東西就是毛巾。

我們每天都要遞上數十條大毛巾給他。
因為他在禱告時會流許多眼淚，甚至有時也會流很多汗，
有時連那些遞上的毛巾都濕透了，
所以我們還要再趕緊遞上幾條毛巾。
當世人遭遇痛苦與困難，他們向主禱告祈求，
耶穌總是更加懇切地為他們禱告。
雖然不知是否該說，但在我們看來，耶穌的眼睛總是腫腫的。

耶穌最喜歡什麼？

當然是網路聊天囉，開個小玩笑，他似乎有點上癮。
他一次使用好幾台電腦，螢幕也不只一兩個而已。
他總是同時開數十個視窗，坐在電腦前吃飯也是常有的事。

分享與歡笑，一起哭泣，互相分擔，彼此安慰，
給予輔導、勇氣、鼓勵、希望，
這些都是耶穌在天國所做的重要的事。

禱告 1

詩篇十八篇6節

我在急難中求告耶和華，向我的神呼求。

他從殿中聽了我的聲音；我在他面前的呼求入了他的耳中。

好，我立刻出發。
你知道我的電話號碼無論何時都是 0800 免付費的吧？

同行默想

我曾經不發一語，卻一味祈求神使我能去愛人。
我曾經不跪下禱告，卻一味祈求神讓我能常常禱告。
我曾經不翻開聖經，卻一味祈求神使我照著他的話語來生活。
我曾經不仔細聆聽，卻一味祈求神向我說話。
我曾經不試著努力，卻一味祈求神賜給我好的結果。
我曾經一面偷懶，卻一面祈求神使我能盡最大的努力。
我曾經一面不努力練習，卻一面祈求神讓我能跑久一點。
我曾經不作任何預備，卻一味祈求神讓我登上高處。
我曾經裹足不前，卻一味祈求神改變我。

你已經先禱告了嗎？
那麼，現在正是付諸行動的時候了。

禱告 2

路加福音二十二章44節

耶穌極其傷痛，禱告更加懇切，汗珠如大血點滴在地上。

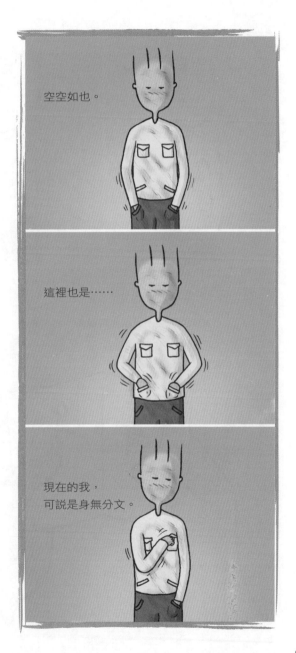

空空如也。

這裡也是⋯⋯

現在的我，
可說是身無分文。

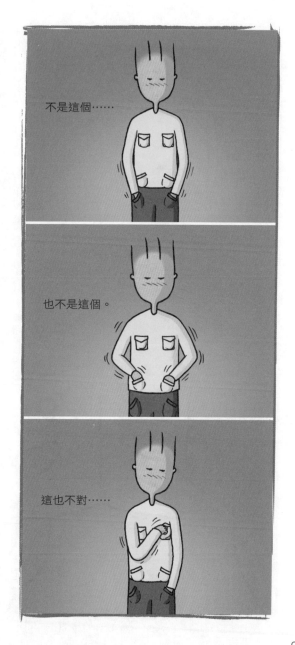

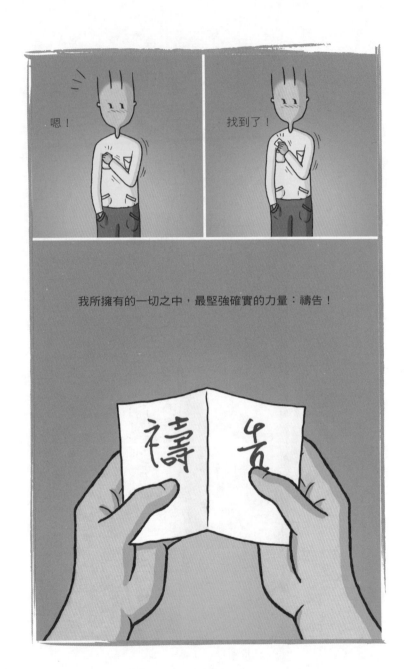

同行默想

惟有明白禱告能力的人，不會放掉禱告之線，
惟有了解順服力量的人，不會背離聖經的話。

如果禱告變少了，在我裡面的自我會更加膨脹。
如果不禱告，在我裡面會充滿著自我。

禱告是我的安全保險，
是開啓天上窗戶的鑰匙。

禱告是真正與主同行……。

山頂

加拉太書六章9節
我們行善，不可喪志；若不灰心，到了時候就要收成。

當我們去爬山，辛苦地爬了一陣子後，
總是會問下山的人……

同行默想

有一件事情我們絕對無法明白，那就是神的時間。
有時候，神的時間比我們認為的時間還要長，
這是因為祂的時間概念與我們的不一樣。

等待時，即使失望與怠惰，
急躁以至於想草率了事，
然而，由於順服神的時間，
我們只能始終如一，等待下去。

亞伯拉罕在得到以撒之前，等待了二十五年，
摩西為了迎向以色列民族，在米甸的曠野預備了四十年，
以色列人從出埃及到抵達迦南地，總共花了四十年，
雅各等候神的時候，在拉班家裡以僕人的身分寄居了二十年，
約瑟在波提乏家裡當了十三年的僕人，又在獄中過了兩年，
最後才與神所預定的時間相遇。

愛 篇

愛

哥林多後書一章5～6節

我們既多受基督的苦楚，就靠基督多得安慰。
我們受患難呢，是為叫你們得安慰，得拯救；
我們得安慰呢，也是為叫你們得安慰；
這安慰能叫你們忍受我們所受的那樣苦楚。

求主保守看顧我。

同行默想

「就像我爲你擋下許多大石頭一樣，
你也不要避開落向你的小石子。
因爲在你身後的其他人，將會因你而得安慰。
不要懼怕落向你的小石子，
要成爲一個忍耐著得勝的人。
不要祈求石子不會落向你，
應當祈求使你成爲一個能夠忍受石子落向你的人……
因爲落下來的石子的大小，
將會是你可以承受的。」

繩子

羅馬書八章39節

是高處的，是低處的，是別的受造之物，
都不能叫我們與神的愛隔絕；這愛是在我們的主基督耶穌裡的。

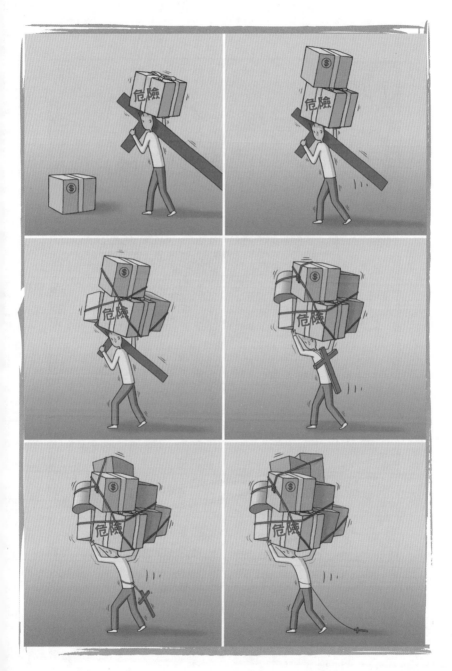

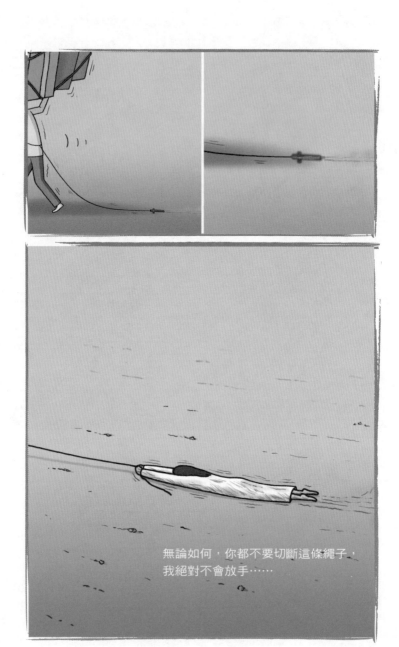

無論如何，你都不要切斷這條繩子，
我絕對不會放手……

同行默想

當曾是人生目標的十字架，淪落爲人生的附帶要件時，
主的悲傷與嘆息將會與日俱增。
然而，他是願意等待，相信我們會回轉的神。

如果切斷了主一直緊緊握著的繩子，也許就無法再回轉了。
不，或許要等到經歷一陣子的悲慘之後，才能再次回轉過來。

主的繩子是在深幽的叢林中，
能使你再次回轉脫困的惟一希望。

主爲你忍受了許多痛苦，
如今他也盼望你的歸來。
他一點都不在意手掌上的傷口，
無論如何，他絕不會放開那條繩子。

痊癒

耶利米書三十三章6節
看哪，我要使這城得以痊癒安舒，使城中的人得醫治，
又將豐盛的平安和誠實顯明與他們。

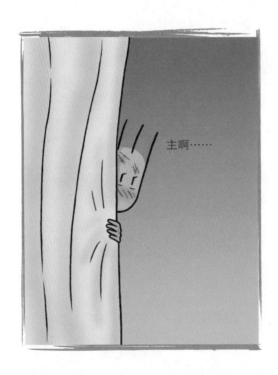

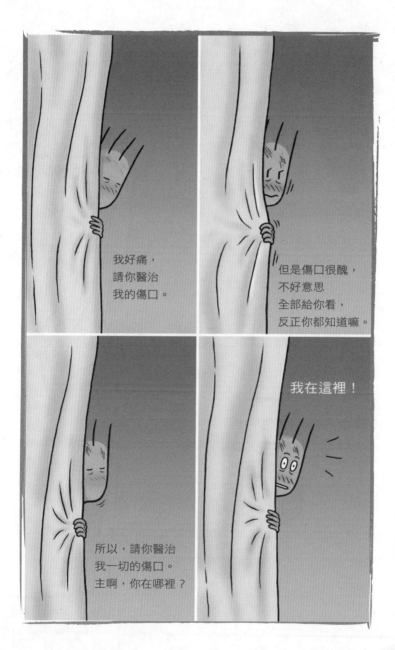

你最好把布簾收起來，
　　到我這裡，讓我仔細看看傷口。

同行默想

主啊，你知道我的心吧？
當我痛苦而嚎啕大哭，氣急敗壞地大呼小叫，
你卻仍然告訴我「沒什麼大不了的。」
那時，我總是用淚痕斑斑的臉，愧疚地看著你，
像個傻瓜一樣「嘿嘿」地傻笑。
當我自以為是，雄赳赳地大步向前，卻不慎被小石頭絆倒，
跌坐在地，抱著破皮的膝蓋淚如雨下時，
總會聽到你說：「你看吧。」

許多的害怕與擔心，
帶給其他人許多的傷口，同時也讓自己渾身是傷。
自尊心甚高，固執己見，自私自利，
喜歡嫉妒與發脾氣，這就是我。
我就是這個樣子，連我也討厭自己這個模樣。

即便如此，主啊，你知道我的心吧？
主啊，你真的明白我的心嗎？是吧？

「正因為你是如此，我呼召了你。」
「正因為是這樣的你，我要重用你。」

聚集

使徒行傳二章46～47節
他們天天同心合意恆切地在殿裡，且在家中擘餅，
存著歡喜、誠實的心用飯，讚美神，得眾民的喜愛。
主將得救的人天天加給他們。

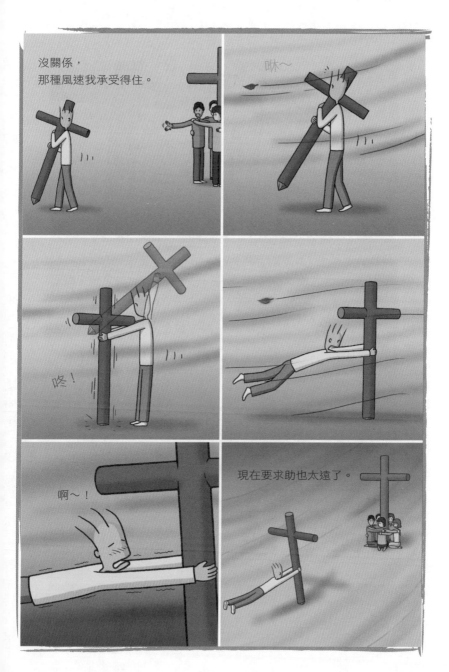

同行默想

生活在南極的企鵝，
生來就是被創造成耐寒的動物。
但是當猛烈的暴風雪來襲，
企鵝會彼此緊密聚集在一起，
一同戰勝無法想像的強烈酷寒。

一棵樹遇到強風，根很快就會被拔起，
但是許多棵樹聚集成為叢林時，叢林就能篩過風。

一個小小的燭火就算獨自發光，也無法照亮周遭。
然而，許多燭火聚集在一起，就能照亮整個房間。
我們同心的禱告能更加懇切，
我們同心的讚美能創造出更美的和聲。
只要齊心努力，就能剛強壯膽地對抗更強大的敵人。

意義 篇

信心

哥林多前書十章13節
你們所遇見的試探，無非是人所能受的。
神是信實的，
必不叫你們受試探過於所能受的；
在受試探的時候，
總要給你們開一條出路，叫你們能忍受得住。

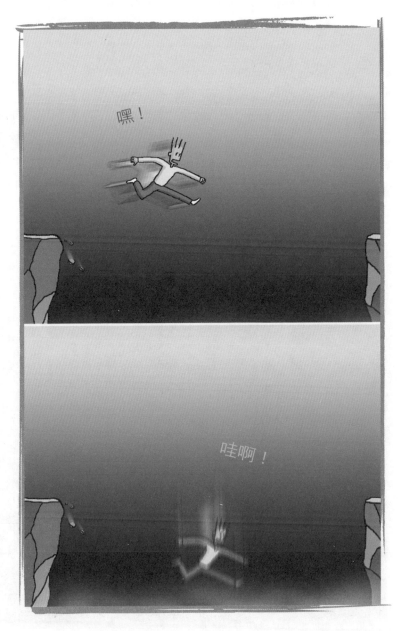

同行默想

所謂的信心，
就是對於不確定性的信賴。

從前在猶太地區小村莊裡的那些人們，
實際見過主，並且聽過他的教誨，
他們的經驗與分享，就算經過了兩千年之久，
如今仍在未曾直接見過耶穌的眾多世人中間，
為那些猶疑的心靈帶來轉化，成為確切的信賴。
這是何等令人驚訝的事情。

所謂信心大，
是指在更加不確定的景況與不明朗的現實中，
仍然不失去信賴感。
我的景況和周遭的環境，是否正使我難以信賴神？
這正是驗證更大信心的好時機。

拯救

以弗所書五章 2 節

也要憑愛心行事，正如基督愛我們，為我們捨了自己，
當作馨香的供物和祭物，獻與神。

同行默想

惟有曾艱辛地爬到山頂的人，才能向初次爬山的人伸出援手。
搭纜車上山的人，不僅不明白那有多辛苦，
也無法提供任何幫助。

惟有徒步登上崎嶇丘陵的人，才能幫旁邊牽牛車的人推一把。
搭汽車上山的人，根本沒有閒暇思考那有多辛苦，
他們咻的一聲就走遠了。

如果我不曾經歷過那個痛苦，就不能說我明白那個痛苦。
如果我們不是步調一致，就不能說是同行。

為了接近他人，讓我們擁有與他們相同的樣式吧。
放下我們的眼光吧。
脫去我那華麗的衣裳，換上粗陋的工作服吧。
撤棄虛假的外表，成為最謙卑的樣式吧。
為了傳達誠摯的心，拿出最大的證據吧。
就是向他們顯明，我因此付上生命代價的那份極致之愛。

那麼，現在就一起走向那些人吧。

修剪

提摩太後書二章21～22節

人若自潔，脫離卑賤的事，就必作貴重的器皿，成為聖潔，
合乎主用，預備行各樣的善事。你要逃避少年的私慾，
同那清心禱告主的人追求公義、信德、仁愛、和平。

同行默想

人們常說始終如一，
但這不是指始終維持剛開始的原貌，
而是經過許多來來回回的努力，試著更加貼近原貌。

洗澡、刷牙洗臉、洗衣服等等，
我們每天都理所當然地做這些事情。
對於維持整齊端莊的外貌而反覆努力，
我們多半不會埋怨什麼。

當接受耶穌為救主，我們就成了新造的人，
但是，此後我們的靈魂不會一直保持在全新狀態。
誘惑、怠惰、傲慢的灰塵常常漫天飛舞，
撒但的魔掌也在旁伺機而動。
這些事情在生活中是自然而然的過程，
不過，當這些灰塵囤積，
我們需要「呼！」的一下，努力吹掉它們。
如果放任那些可以吹掉的灰塵不管，
將來就算努力地擦洗，
最後也會留下很難去除的痕跡。
所以，現在正是時候，找出覆蓋在我靈魂上的灰塵，
再次把它清掃一番。

相異

馬太福音十八章32～33節
於是主人叫了他來，對他說：「你這惡奴才！
你央求我，我就把你所欠的都免了，
你不應當憐恤你的同伴，像我憐恤你嗎？」

同行默想

爲什麼我肚子餓的時候與飽的時候，心情不同呢？
爲什麼我沒有時間的時候與有時間的時候，心情不同呢？
爲什麼我很辛苦的時候與休息的時候，心情不同呢？
爲什麼我很緊急的時候與有餘裕的時候，心情不同呢？

如果記得曾經貧困的時候，應該就不會浪費，
如果記得急忙時的焦急心情，應該就不會怠惰，
如果記得當初遭受痛苦的時候，應該就不會荒誕不經，
如果記得過去緊急的時候，應該就不會傲慢。

我爲什麼……忘記了呢？

芳香劑

哥林多後書二章15節
因為我們在神面前，
無論在得救的人身上或滅亡的人身上，都有基督馨香之氣。

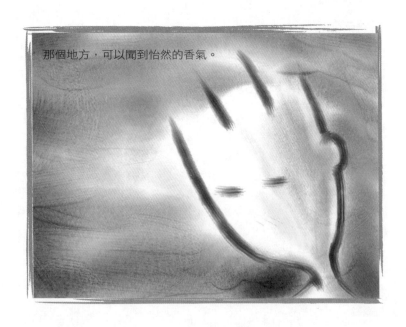

那個地方，可以聞到怡然的香氣。

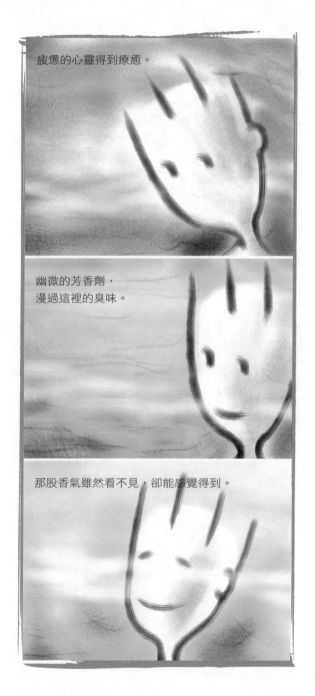

疲憊的心靈得到療癒。

幽微的芳香劑，
漫過這裡的臭味。

那股香氣雖然看不見，卻能感覺得到。

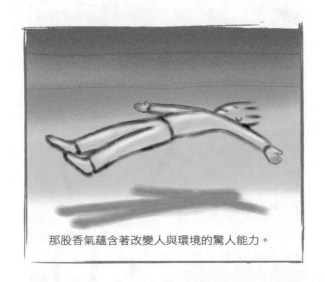

那股香氣蘊含著改變人與環境的驚人能力。

我也想要成為芳香劑，散發愛的芳香劑。

同行默想

甚願從我的價值觀、思想、話語、眼目與外顯的面貌之中，
單單散發出豐盛之愛的香氣，
就是主改變世界與環境的愛，那細膩又偉大的能量。
或許說不定我已經具備了芳香劑的樣貌，
但是不要把蓋子完全打開放著，
使那股香氣全部散發出來，
因為那樣做，
也可能無法單單發揮芳香劑本身的能力。

救贖 篇

救贖

馬太福音十八章12節

一個人若有一百隻羊，一隻走迷了路，你們的意思如何？
他豈不撇下這九十九隻，往山裡去找那隻迷路的羊嗎？

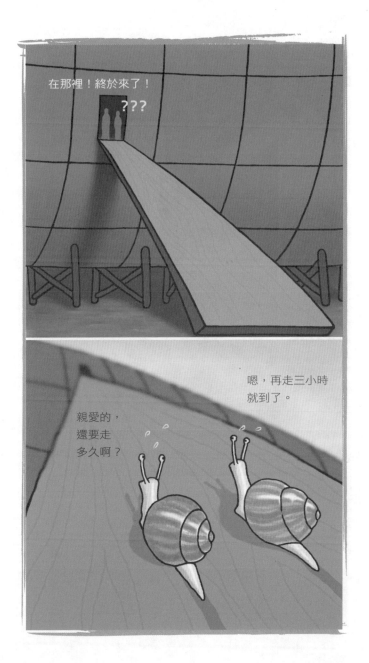

到此為止！關門！

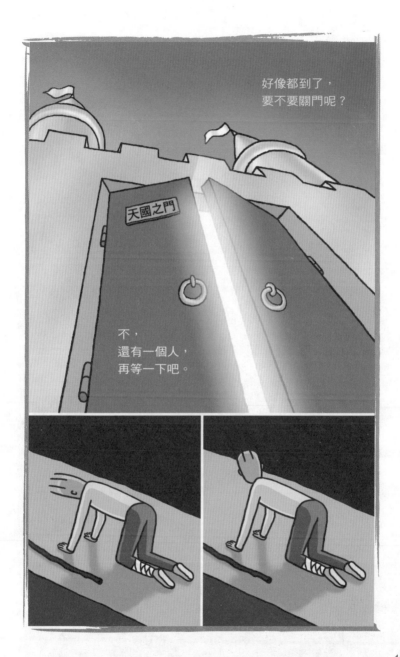

同行默想

比起以最佳紀錄率先抵達的人，
真正需要恭喜的，
是即便腳受傷也不放棄，最終抵達終點的人。
真正需要稱讚的，是得到十分的孩子，
不是得到一百分的孩子。
真正需要愛的，是獨自低頭蜷縮在角落的孩子，
不是活蹦亂跳笑容滿面的孩子。

神的愛首先臨到落後的、軟弱的、孤單的、
遭受痛苦的、做不好的、無法被人理解的、
受到指指點點的、飢寒交迫的和受傷的那些人。

我是否也將他人區分為正常和非正常呢？
我不也是單以順序、分數、成果和刻板印象來判斷他們？
我是否只在乎得分的瞬間，
卻忽略了因為受到碰撞，而跌倒在地的人呢？

十字架

馬太福音十六章24節

於是耶穌對門徒說：「若有人要跟從我，就當捨己，
背起他的十字架來跟從我。」

若有人要跟從我，就當捨己，
背起他的十字架來跟從我。

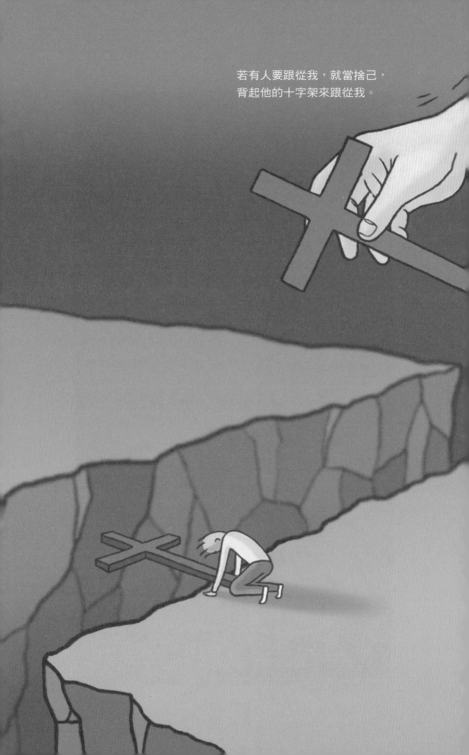

同行默想

我的十字架是什麼呢？
是想到自己作為跟隨主話語的門徒，
而極其渴望擁有與世人和文化分別的樣式與勇氣嗎？
是因為作為基督徒，
而不再隨意地行動與展現情緒、慾望？
是因為非做不可，而驅使自己付諸行動與實踐？

如今，我個人微小的行動、與生俱來的情緒，
也要因著作為他的門徒，以及順從他的旨意而有所節制。
這些不都是跟隨主而必須背起的小小十字架嗎？
我偶爾會回想起以前的生活，感受心裡那份隱約的動盪。
好像羅得的妻子懷著迷戀，
回頭觀看天降火於所多瑪與蛾摩拉一樣。
她的結局，我是再清楚不過了。
主已經告訴我，
為了跟從他永不改變的道路，我應該作出什麼選擇。
雖然背起十字架來跟從主，可能會是艱辛的事情，
然而那是喜樂的抉擇，是蒙福的責任。

拯救測驗

使徒行傳四章12節
除他以外，別無拯救；
因為在天下人間，沒有賜下別的名，
我們可以靠著得救。

惟有耶穌，
才是解答人生問題的最快方法。

同行默想

解答問題的方式有兩種。
一個是先給問題，再尋找答案；
另一個是先給答案，再回頭解開那個過程。

神已經將答案告訴我們了。
我們只要說「我確信那是正確答案」，他就會說我們答對了。
對我們來說，如今剩下的時間，是去想通神的答案的過程。
隨著那個過程，
有些人發現了答案中蘊含的奧妙、喜樂與智慧。
有些人只沉浸於得著答案的喜悅，而放縱地虛度光陰，
結果，說不定會被當掉。
試煉與苦難，使得理解已公布的答案，更顯困難，
然而，神正為我們預備在那過程之後的喜悅。
答案已經白白地給了我們，對我們而言最重要的是，
如何運用得到答案之後的時間。

生命泉水

啓示錄二十一章6節

他又對我說:「都成了!我是阿拉法,我是俄梅戛;
我是初,我是終。我要將生命泉的水白白賜給那口渴的人喝。」

一望無際的
孤寂沙漠。

獨自徘徊許久。

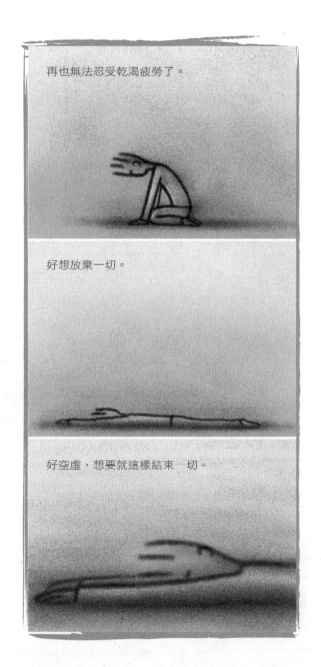

再也無法忍受乾渴疲勞了。

好想放棄一切。

好空虛，想要就這樣結束一切。

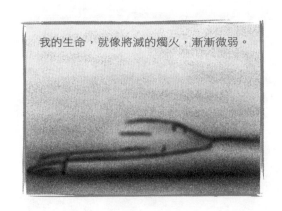

我的生命，就像將滅的燭火，漸漸微弱。

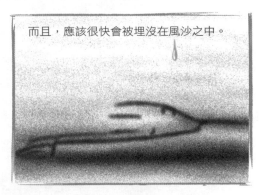

而且，應該很快會被埋沒在風沙之中。

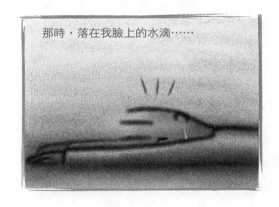

那時，落在我臉上的水滴……

一股水流……

將活力融進我體內，

使我再次活過來。

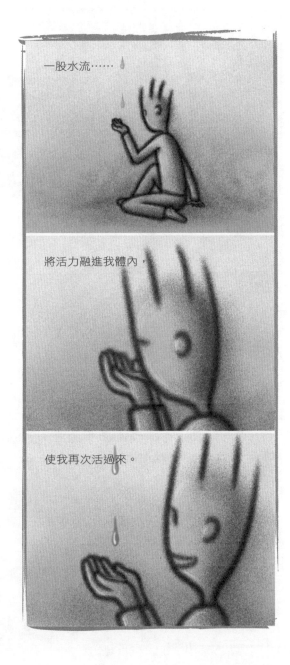

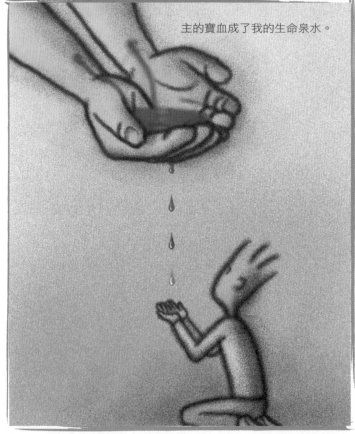

同行默想

我的人生……
像是在一望無際的沙漠中，緊閉著雙眼，
使盡全力，漫無目的地隨意奔馳著。
我想，如果單單認眞地向前跑，
總有一天應該會遇到柏油路與綠洲。
我認爲所謂「認眞」這兩個字，
是跨越世上一切屏障，到達崇高價值的絕對手段。
然而，我卻忘記了一件重要的事情。

那就是「方向」。
如果不知道正確的方向，後來的結局只有悲慘可以形容。
就像閉著雙眼賣力奔波一樣，再沒有比這個更虛空和愚蠢的。

毫無方向地奔波的我，直到筋疲力盡倒下時，
才能遇見再次拯救我人生的主。

他用自己的寶血作爲贖價，
將生命泉水白白地賜給我，修復我，使我再次站立起來。

我曾倒下之處，正是綠洲的本源；
我再次站起之處，才是嶄新人生道路的開端。

呼召

使徒行傳二十章24節

我卻不以性命為念，也不看為寶貴，只要行完我的路程，
成就我從主耶穌所領受的職事，證明神恩惠的福音。

127

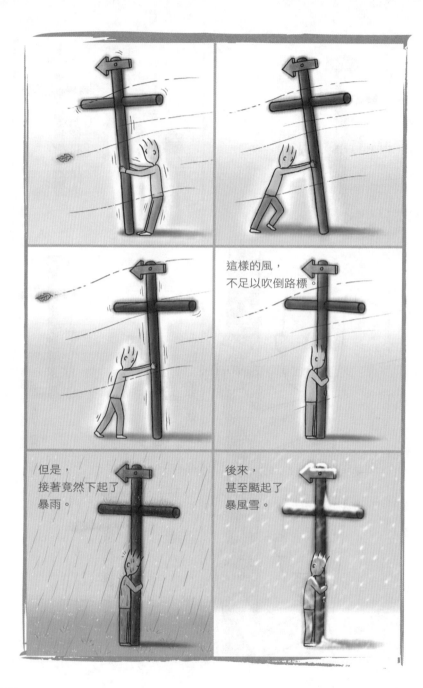

這樣的風，
不足以吹倒路標。

但是，
接著竟然下起了
暴雨。

後來，
甚至颳起了
暴風雪。

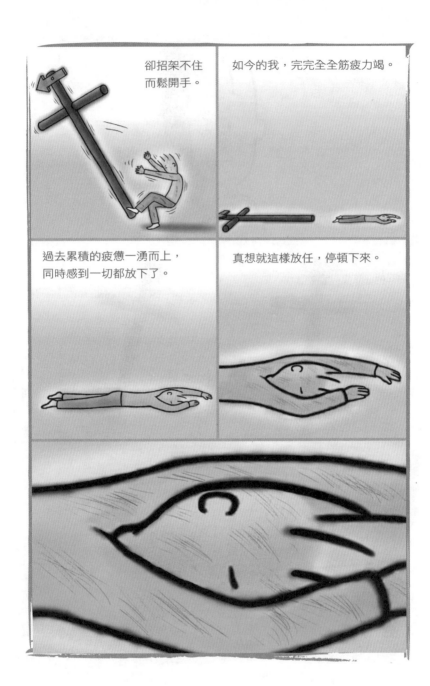

卻招架不住
而鬆開手。

如今的我，完完全全筋疲力竭。

過去累積的疲憊一湧而上，
同時感到一切都放下了。

真想就這樣放任，停頓下來。

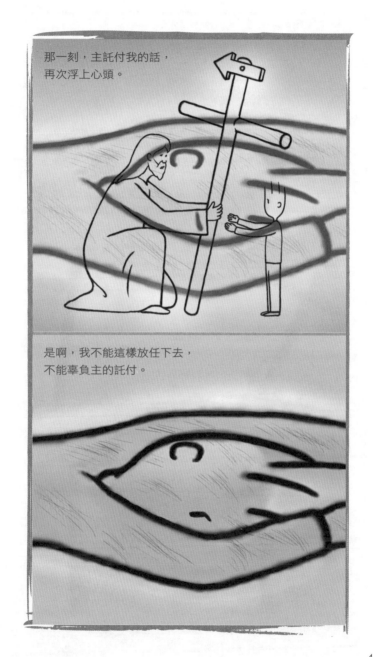

那一刻，主託付我的話，
再次浮上心頭。

是啊，我不能這樣放任下去，
不能辜負主的託付。

於是我拖著沉重的身軀，站起來。

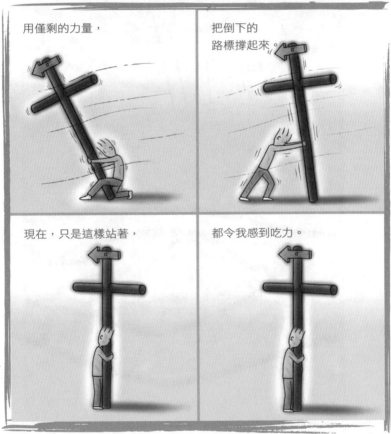

用僅剩的力量，

把倒下的
路標撐起來。

現在，只是這樣站著，

都令我感到吃力。

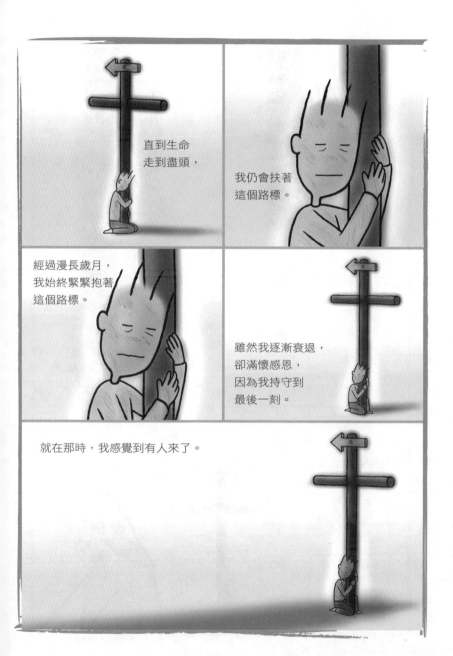

直到生命
走到盡頭，

我仍會扶著
這個路標。

經過漫長歲月，
我始終緊緊抱著
這個路標。

雖然我逐漸衰退，
卻滿懷感恩，
因為我持守到
最後一刻。

就在那時，我感覺到有人來了。

133

難道是？

那一刻，
我一句話也說不出來。

只有熱淚盈眶。

他也是，我也是。

當主擁抱我，一切的痛苦與疲憊，
都如雪融化般消失殆盡。

這些日子
很辛苦吧？

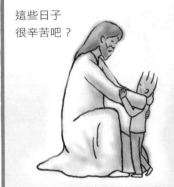

從現在起，
永遠在一起吧！
永永遠遠……

你能幫我
好好地看守這個路標嗎？

同行默想

主，你不是和我約定了嗎？
主，你與我不是已經約定好了嗎？
所以，我想要堅守這個約定。

你說一定會再來，我們一定會再次相遇……

我們已經約定好了，對吧？

我也一定會好好遵守，一定喔。

但是話說回來，
當你再來的日子，
如果我與你相遇，真的可能什麼話都說不出來。

想說的話太多，悲傷的事也太多，
艱辛的事也太多……

可能，就只會一直流眼淚吧。

天父啊，請就那樣緊緊地擁抱著我。

就這麼說定了喔。
我們一言為定喔。

後記

期盼自己能留下路標。
不論是走在前面，或者即便不是直接引領他人，
都能成為總是在那個位置上，
指示他曾走過的方向的那個人。

我走到轉角躲到一邊，所站之處即使有些不方便，
卻希望因著這個路標，讓站在人生分叉路口的人們，
能夠毫不猶豫地判斷自己的道路。

當我看到人們沒有誤入岔路，而是走在正確的道路上，
沒有再比這個更令人感到心滿意足的。

然而，比起走在前面的人，
我想更貼近那些因著疲憊而跌坐在地、腳一跛一跛的人，
以及因為不信賴他的方向而落在後方的人。
我想要使他們再次站起來，攙扶他們，
為他們種下勇氣與確實的信心。

我想要竭盡所能傳揚他的信息，
我的心如同那位向主獻上最昂貴香膏的女子，
甚願能將主賜給我最寶貴的東西，
再次還獻給主。

我不想操之過急，
即使要花上許多時間，我也想要慎重地，
盡上全心全意，用最閃亮的玉來還獻給主。

甚願我的圖畫與短文，
在他人漫長的人生旅途中，如同溫暖的聲援信一般。
希望當他們感到困乏，能翻看此書，
微笑一下，思想他的愛，
成為再次站起來的微小力量。

我的圖畫並不華麗，也盡可能不添加額外的東西。
因為我不希望華麗的圖畫，
比圖畫中蘊含的訊息，更加引人注目。

我也盡可能地節制對白或描述，
就是希望單單透過圖畫，來傳達更深遠的意境。

我討厭隨著流行風潮而快速創作出來的圖畫，
我想要創作緩慢，卻能長遠流傳下來的鈍感圖畫。

將一切的感恩與榮耀，
歸給把這些微不足道的圖畫搜集成冊的神。
我也要向在出版過程中，
一同協助的弘盛社人員獻上由衷感謝。
還有，我也感謝總是成為我的力量與支柱的家人們，
以及許多為了「同行」網站（donghaeng.net）
而給予援助的人。

有個相當有趣的回憶，就是在國外有某個人，
曾描述我畫作中的主角為「洋蔥頭」。

往後我也會持續努力，
創作更成熟精進的洋蔥造型。

謝謝。

2006年11月，於大田

鄭起老

鄭起老

於啓明大學主修產業設計，曾在「晨間之耀公司」（Morning Glory Corp.）任職產品設計師。過去也曾經營設計製作與網路資訊供應公司（INDEZEN），目前爲自由工作者，透過網路宣教，在世界網路宣教協會（swim.org）與使命種子宣教會（missionseed.net）中參與漫畫、網卡與QT動畫製作事工。他在第一屆基督教漫畫大賽中榮獲銀牌，同時也負責第十九屆衛理公會世界大會（WMC）的影像製作。其一生的夢想是藉由「圖畫」來傳播神的馨香之氣，並將主所賜予的靈感使用殆盡，然後毫無遺憾地離開人世。擁有如此夢想的他所經營的基督教漫畫網站「同行」（donghaeng.net），因著許多人的支持與協助，觸動許多國家訪客的心靈，讓人們不斷反思與回想神的愛。

國家圖書館出版品預行編目(CIP)資料

同行：最美的陪伴 / 鄭起老作；楊少君譯. -- 初版.
-- 新北市：校園書房, 2015.10
面；　公分

ISBN 978-986-198-467-4(平裝)

1.基督徒 2.信仰

244.9　　　　　　　　　　104017471